TABLE DES MATIÈ

Conseils pour les enseignants

- Assurez-vous que vos élèves comprennent bien les questions.
- Demandez-leur de faire d'abord les problèmes qu'ils savent comment résoudre.
- Créez un mur de mots associés au traitement des données pour accroître leur vocabulaire des mathématiques.

Modèles à reproduire

Pour réviser, clarifier ou souligner des concepts du traitement des données, créez vos propres fiches d'exercices à partir des modèles proposés dans ce livre.

Grille d'évaluation du rendement et listes des attentes

Utilisez la grille d'évaluation et les listes des attentes pour suivre et évaluer les apprentissages des élèves.

PEUX-TU LES CLASSER?

Découpe les images, puis classe-les dans la bonne case.

FRUITS	LÉGUMES

une pomme

de la laitue

un chou-fleur

une banane
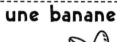

des concombres

une poire

des fraises

une carotte

PEUX-TU LES CLASSER?

Découpe les images, puis classe-les dans la bonne case.

OISEAUX	POISSONS

PEUX-TU LES CLASSER?

Découpe les images, puis classe-les dans la bonne case.

CHAUSSURES	CHAPEAUX

  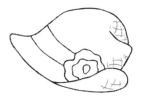 

4

INTERPRÈTE UN TABLEAU DES EFFECTIFS

Sers-toi du tableau des effectifs pour répondre aux questions.

POISSON PRÉFÉRÉ

Compte les traits.
Combien y en a-t-il?

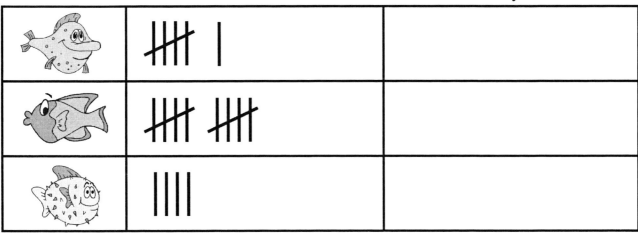

1. Encercle le poisson le <u>plus</u> populaire.

2. Encercle le poisson le <u>moins</u> populaire.

RÉFLÉCHIS BIEN : Encercle la bonne réponse.

En quoi ces trois choses se ressemblent-elles?

A. Tu peux les manger.   B. Tu peux les porter.   C. Tu peux t'en servir pour écrire.

INTERPRÈTE UN TABLEAU DES EFFECTIFS

Les élèves de M. Daniel ont fait un tableau des effectifs pour montrer les résultats d'un sondage sur leurs activités préférées. Sers-toi du tableau des effectifs pour répondre aux questions.

ACTIVITÉ PRÉFÉRÉE

Compte les traits.
Combien y en a-t-il?

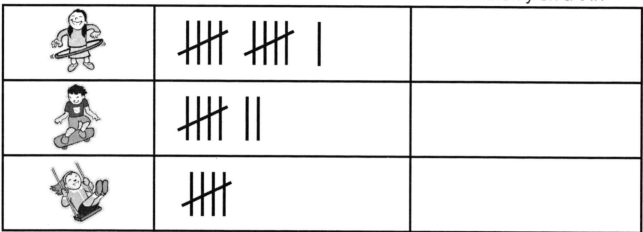

1. Encercle l'activité la <u>plus</u> populaire.

2. Encercle l'activité la <u>moins</u> populaire.

RÉFLÉCHIS BIEN : Lequel de ces objets ne va pas avec les autres?

A. 　　B. 　　C. 　　D.

INTERPRÈTE UN TABLEAU DES EFFECTIFS

Sers-toi du tableau des effectifs pour répondre aux questions.

LÉGUME PRÉFÉRÉ

Compte les traits.
Combien y en a-t-il?

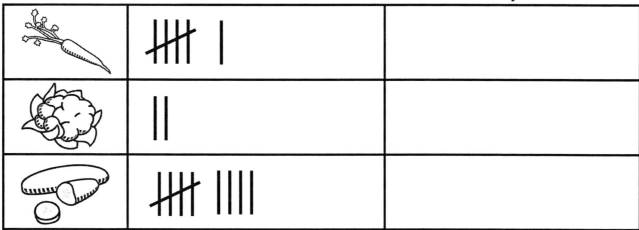

1. Encercle le légume le <u>plus</u> populaire.

2. Encercle le légume le <u>moins</u> populaire.

RÉFLÉCHIS BIEN : Laquelle des choses tout en bas va avec ces légumes?

A.    B.    C.

7

INTERPRÈTE UN TABLEAU DES EFFECTIFS

Voici les résultats d'un sondage sur la couleur préférée. Complète le tableau.

Couleur	Résultats	Nombre
rouge	~~卌~~ 卌 ||	
bleu	卌 卌 |||	
vert	||||	
mauve	卌 |||	

RÉFLÉCHIS BIEN : Réponds aux questions.

1.	Quel est la couleur la plus populaire?	2.	Quelle est la couleur la moins populaire?
3.	Quelle couleur a obtenu 8 votes?	4.	Combien y a-t-il de votes en tout pour le rouge et le bleu?
5.	Combien de personnes ont voté?	6.	Dresse la liste des couleurs, de la plus populaire à la moins populaire.

INTERPRÈTE UN TABLEAU DES EFFECTIFS

Voici les résultats d'un sondage sur le déjeuner préféré. Complète le tableau.

Déjeuner préféré	Résultats	Nombre
céréales		3
œufs		15
crêpes		21
sandwich grillé au fromage		15

RÉFLÉCHIS BIEN : Réponds aux questions.

1.	Quel est le déjeuner le plus populaire?	2.	Combien de personnes en tout aiment les céréales ou les crêpes?
3.	Deux mets ont obtenu le même nombre de votes. Lesquels?	4.	Combien de personnes de moins aiment les céréales plutôt que les œufs?
5.	Quel déjeuner a obtenu 3 votes?	6.	Combien de personnes en tout aiment le sandwich au fromage ou les céréales?

EXPLORE UN DIAGRAMME À BANDES

Ce tableau des effectifs montre les activités d'été que les élèves de Mme Julie préfèrent. Complète le tableau et le diagramme à bandes pour montrer les résultats. N'oublie pas le titre et les étiquettes pour le diagramme!

Activité d'été	Nombre de votes	Nombre
natation	‖‖‖ ‖‖‖	
baseball	‖‖‖ ‖‖‖‖	
soccer	‖‖‖ ‖‖‖ ‖	
aller à la plage	‖‖‖ ‖‖	

15
14
13
12
11
10
9
8
7
6
5
4
3
2
1
0

natation   baseball   soccer   aller à la plage

EXPLORE UN DIAGRAMME À BANDES

Ce tableau des effectifs montre les différentes pièces de monnaie que David a dans sa tirelire. Complète le tableau et le diagramme à bandes pour montrer les résultats. N'oublie pas le titre et les étiquettes pour ton diagramme!

Pièce de monnaie	Nombre de pièces	Nombre
1 ¢	＄＄＄	
5 ¢	＄ IIII	
10 ¢	＄＄＄ I	
25 ¢	＄ I	
1 $	＄	

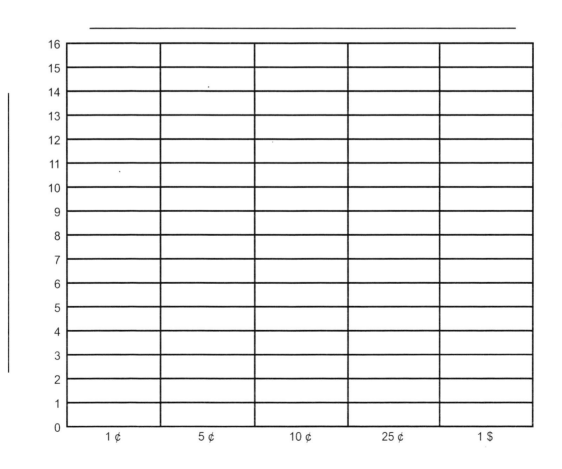

CRÉE UN TABLEAU DES EFFECTIFS

Sers-toi du sondage sur l'animal familier préféré pour remplir le tableau des effectifs.

SONDAGE SUR L'ANIMAL FAMILIER PRÉFÉRÉ

Personne	Animal préféré
Neeha	poisson
Julien	poisson
Somie	chat
Joël	chien
Sara	chien
Damien	chat
Cynthia	poisson
Patricia	oiseau
Roberto	chien

Animal	Nombre de votes
poisson	
oiseau	
chat	
chien	

RÉFLÉCHIS BIEN : Réponds aux questions.

1.	Deux animaux ont obtenu le même nombre de votes. Lesquels?	2.	Quel animal a obtenu le moins de votes?

CRÉE UN TABLEAU DES EFFECTIFS

Sers-toi du sondage sur la boisson préférée pour remplir le tableau des effectifs.

SONDAGE SUR LA BOISSON PRÉFÉRÉE

Personne	Boisson préférée
Maya	jus
Paul	limonade
Katie	soda
Justin	lait
Isabelle	jus
Jérémy	limonade
Linda	lait
Patricia	lait
Steve	jus
Lison	lait

Boisson	Nombre de votes
jus	
limonade	
soda	
lait	

RÉFLÉCHIS BIEN : Réponds aux questions.

1.	Quelle boisson a obtenu 3 votes?	2.	Est-ce que deux boissons ont obtenu le même nombre de votes? Si oui, lesquelles?

INTERPRÈTE UN TABLEAU

Benoit est allé à la pêche cette semaine. Regarde le tableau pour savoir combien de poissons il a attrapés de lundi à vendredi.

Jour de la semaine	lundi	mardi	mercredi	jeudi	vendredi
Nombre de poissons attrapés	3	6	9	12	15

RÉFLÉCHIS BIEN : Réponds aux questions.

1.	Quel jour Benoit a-t-il attrapé le plus de poissons?	2.	Combien de poissons Benoit a-t-il attrapés jeudi?	
3.	Quel jour Benoit a-t-il attrapé le moins de poissons?	4.	Quelle est la différence entre le plus grand nombre de poissons attrapés et le moins grand nombre de poissons attrapés?	
5.	Combien de poissons Benoit a-t-il attrapés en tout mardi et mercredi?	6.	À ton avis, combien de poissons Benoit va-t-il attraper samedi?	

INTERPRÈTE UN TABLEAU

Ce tableau montre le nombre d'élèves et de pupitres qu'il y a dans chacune des classes de troisième année.

Enseignants	Mme Aline	M. Patrice	M. Pierre	Mme Annie
Élèves	22	25	24	25
Pupitres	25	25	21	27

RÉFLÉCHIS BIEN : Réponds aux questions.

1.	Qui a besoin de plus de pupitres dans sa classe?	**2.**	Combien d'élèves y a-t-il dans la classe de Mme Aline?
3.	Deux enseignant(e)s ont le même nombre d'élèves. Lesquel(le)s?	**4.**	Quel(le) enseignant(e) a le moins d'élèves?
5.	Quels enseignants ont plus de pupitres qu'ils n'en ont besoin?	**6.**	Quel(le) enseignant(e) a besoin de 3 autres pupitres?

INTERPRÈTE UN DIAGRAMME À PICTOGRAMMES

Sers-toi du diagramme à pictogrammes pour répondre aux questions.

JOUET PRÉFÉRÉ

1. Combien y en a-t-il?

 _____   _____   teddy _____

2. Encercle le jouet le <u>plus</u> populaire.

3. Encercle le jouet le <u>moins</u> populaire.

INTERPRÈTE UN DIAGRAMME À PICTOGRAMMES

Les élèves de Mme Aline ont fait un diagramme à pictogrammes pour montrer les résultats d'un sondage sur leurs chaussures préférées. Sers-toi du diagramme à pictogrammes pour répondre aux questions.

CHAUSSURES PRÉFÉRÉES

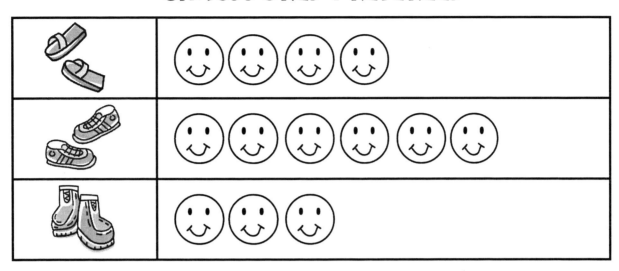

1. Combien y en a-t-il?

 _____  _____

2. Encercle les chaussures les <u>plus</u> populaires.

3. Encercle les chaussures les <u>moins</u> populaires.

RÉFLÉCHIS BIEN : Compte les traits.

Combien y en a-t-il?

 _____ |  _____

17

INTERPRÈTE UN DIAGRAMME À PICTOGRAMMES

Sers-toi du diagramme à pictogrammes pour répondre aux questions.

ANIMAL FAMILIER PRÉFÉRÉ

1. Combien y en a-t-il?  _____  _____  _____

2. Encercle l'animal le <u>plus</u> populaire.

3. Encercle l'animal le <u>moins</u> populaire.

RÉFLÉCHIS BIEN : Compte les traits.

Combien y en a-t-il?

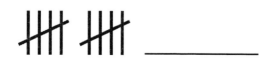 _____    _____

Sers-toi du diagramme à pictogrammes pour répondre aux questions.

GÂTEAU PRÉFÉRÉ

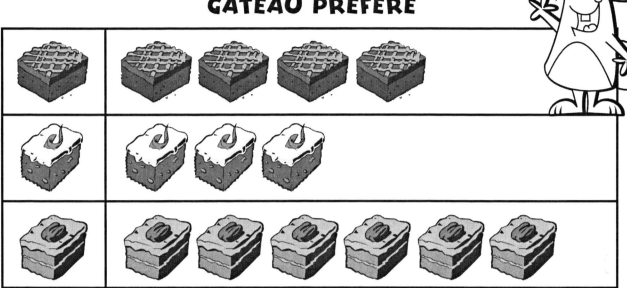

1. Combien
   y en a-t-il?

 _____ 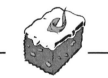 _____ _____

2. Encercle le gâteau
   le <u>plus</u> populaire.

3. Encercle le gâteau
   le <u>moins</u> populaire.

4. Combien de personnes ont participé au sondage? _____

INTERPRÈTE UN DIAGRAMME À PICTOGRAMMES

Sers-toi du diagramme à pictogrammes pour répondre aux questions.

ACTIVITÉ D'INTÉRIEUR PRÉFÉRÉE

RÉFLÉCHIS BIEN : Réponds aux questions.

1. Combien
   y en a-t-il?   _____ _____  _____

2. Encercle l'activité
   la <u>plus</u> populaire.

3. Encercle l'activité
   la <u>moins</u> populaire.

4. Combien de personnes ont participé au sondage? _____

Complète le tableau des effectifs.

	Nombre	Résultats
	8	
	16	
	20	

RÉFLÉCHIS BIEN : Réponds aux questions.

1. Encercle le mode de transport le <u>plus</u> populaire.

2. Encercle le mode de transport le <u>moins</u> populaire.

3. Combien de personnes de plus ont aimé

 <u>plutôt que</u>  ? _____

4. Combien de personnes de moins ont aimé

 <u>plutôt que</u> ? _____

INTERPRÈTE UN DIAGRAMME À PICTOGRAMMES

Ce diagramme à pictogrammes montre le moyen utilisé par les élèves pour se rendre à l'école.

MOYEN UTILISÉ

$\stackrel{\text{P}}{\text{大}}$ = 2 élèves

RÉFLÉCHIS BIEN : Réponds aux questions.

1.	Combien d'élèves utilisent l'autobus scolaire?	2.	Combien d'élèves de plus vont à l'école en voiture plutôt qu'à vélo?
3.	Combien d'élèves marchent?	4.	Combien d'élèves utilisent leur vélo?
5.	Combien d'élèves de moins prennent l'autobus plutôt que de marcher?	6.	Combien de moyens de se rendre à l'école sont indiqués dans le diagramme?

INTERPRÈTE UN TABLEAU DES EFFECTIFS

Ce diagramme à pictogrammes montre les résultats d'un sondage sur la boisson préférée.

BOISSON PRÉFÉRÉE

limonade	🥤🥤🥤🥤🥤🥤🥤
lait	🥤🥤🥤
jus d'orange	🥤🥤🥤🥤🥤

🥤 = 10 personnes

RÉFLÉCHIS BIEN : Réponds aux questions.

1. Quelle boisson les personnes aiment-elles le plus? _____

2. Quelle boisson les personnes aiment-elles le moins? _____

3. Combien de personnes ont choisi le lait? _____

4. Combien de personnes ont choisi le jus d'orange? _____

5. Combien de personnes ont choisi la limonade? _____

6. Combien de personnes ont participé au sondage? _____

7. Combien de personnes de plus ont choisi la limonade plutôt que le lait? _____

8. Combien de personnes en tout ont choisi le jus d'orange ou le lait? _____

INTERPRÈTE UN DIAGRAMME À PICTOGRAMMES

Michèle a mené un sondage sur le parfum de crème glacée préféré de ses camarades de classe. Voici les résultats du sondage.

PARFUM DE CRÈME GLACÉE PRÉFÉRÉ

fraises	🍦🍦🍦🍦🍦🍦🍦🍦🍦🍦🍦
brisures de chocolat	🍦🍦🍦🍦🍦🍦
vanille	🍦🍦🍦🍦🍦🍦🍦🍦🍦🍦
chocolat	🍦🍦🍦🍦🍦

🍦 = 4 élèves

RÉFLÉCHIS BIEN : Réponds aux questions.

1. Quel parfum est le plus populaire? _____

2. Quel parfum est le moins populaire? _____

3. Combien d'élèves ont choisi vanille? _____

4. Combien d'élèves de moins ont choisi chocolat plutôt que vanille? _____

5. Combien d'élèves en tout ont choisi fraises ou vanille? _____

6. Combien d'élèves ont choisi chocolat? _____

7. Combien d'élèves ont choisi brisures de chocolat? _____

8. Combien de personnes de plus ont choisi fraises plutôt que brisures de chocolat? _____

9. Combien d'élèves ont choisi fraises? _____

10. Combien d'élèves ont participé au sondage? _____

Ce diagramme à pictogrammes montre les résultats d'un sondage sur le biscuit préféré.

BISCUIT PRÉFÉRÉ

brisures de chocolat	🍪 🍪 🍪 🍪
farine d'avoine	🍪 🍪
gingembre	🍪
sucre	🍪 🍪 🍪 🍪 🍪 🍪

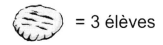 = 3 élèves

RÉFLÉCHIS BIEN : Réponds aux questions.

1.	Combien d'élèves ont choisi le biscuit aux brisures de chocolat?	2.	Combien d'élèves ont choisi le biscuit à la farine d'avoine?
3.	Combien d'élèves ont choisi le biscuit au gingembre?	4.	Lequel des biscuits est le plus populaire?
5.	Combien d'élèves de plus ont choisi le biscuit à la farine d'avoine plutôt que celui au gingembre?	6.	Dresse la liste des biscuits, du plus populaire au moins populaire.

INTERPRÈTE UN DIAGRAMME À PICTOGRAMMES

Ce diagramme à pictogrammes montre combien de biscuits un groupe d'enfants a vendus au cours d'une vente de pâtisseries.

NOMBRE DE BISCUITS VENDUS

Théo	🍪 🍪 🍪 🍪 🍪 🍪 🍪 🍪
Lisa	🍪 🍪 🍪 🍪 🍪 🍪 🍪
Jules	🍪 🍪 🍪
Miguel	🍪 🍪 🍪 🍪 🍪
Sara	🍪 🍪 🍪 🍪 🍪

🍪 = 5 biscuits

RÉFLÉCHIS BIEN : Réponds aux questions.

1.	Qui a vendu le plus de biscuits?	2.	Combien de biscuits Miguel a-t-il vendus de plus que Jules?
3.	Combien de biscuits Théo a-t-il vendus?	4.	Combien de biscuits Théo a-t-il vendus de plus que Sara?
5.	Combien de biscuits Sara a-t-elle vendus?	6.	Combien de biscuits ont été vendus en tout?

26

EXPLORE UN DIAGRAMME À BANDES

Compte les formes et complète le diagramme à bandes.

DIAGRAMME DE FORMES

⬡						
★						
●						

1. Quelle forme y a-t-il en <u>plus</u> grand nombre?

2. Quelle forme y a-t-il en <u>moins</u> grand nombre?

RÉFLÉCHIS BIEN : Compte les traits.

Combien y en a-t-il?

卌 卌 || _____	|||| _____

Compte les images et remplis le diagramme à bandes.

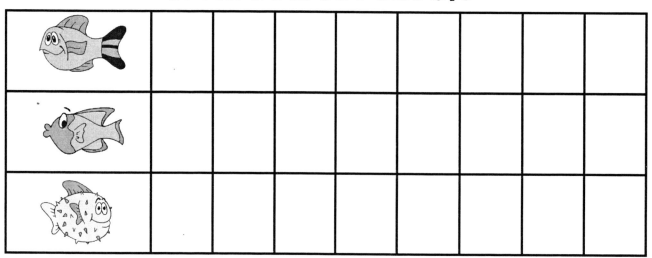

DIAGRAMME DE POISSONS

1. Combien y en a-t-il? 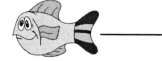 _____ _____ 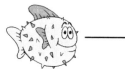 _____

2. Encercle le poisson qui est en <u>plus</u> grand nombre.

3. Encercle le poisson qui est en <u>moins</u> grand nombre.

4. Combien y a-t-il de poissons en tout? _____

EXPLORE UN DIAGRAMME À BANDES

Compte les images et remplis le diagramme à bandes.

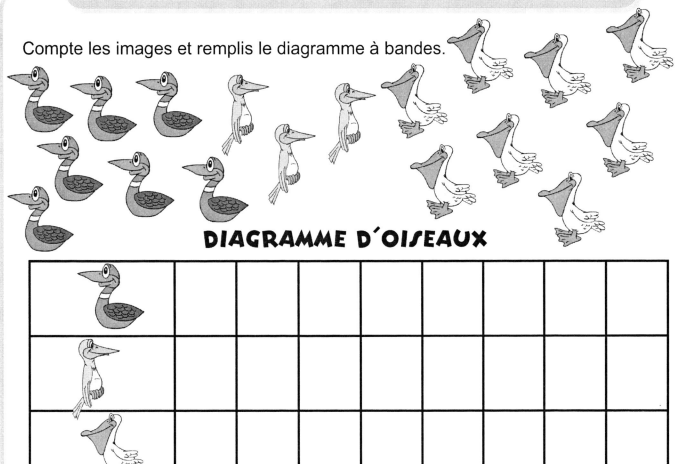

DIAGRAMME D'OISEAUX

1. Combien y en a-t-il?  _____ 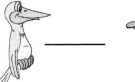 _____  _____

2. Encercle l'oiseau qui est en <u>plus</u> grand nombre.

3. Encercle l'oiseau qui est en <u>moins</u> grand nombre.

4. Combien y a-t-il d'oiseaux en tout? _____

INTERPRÈTE UN DIAGRAMME À BANDES

Les élèves de Mme Louise ont fait un diagramme à bandes pour montrer les résultats d'un sondage sur leur ballon préféré. Sers-toi du diagramme à bandes pour répondre aux questions.

BALLON PRÉFÉRÉ

RÉFLÉCHIS BIEN : Réponds aux questions.

1. Combien de votes?  _____ _____  _____

2. Encercle le ballon le <u>plus</u> populaire.

3. Encercle le ballon le <u>moins</u> populaire.

RÉFLÉCHIS BIEN : Compte les traits.

Combien y en a-t-il?

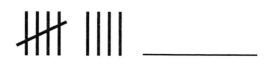 _____    _____

INTERPRÈTE UN DIAGRAMME À BANDES

Les élèves de Mme Suzie ont fait un diagramme à bandes pour montrer les résultats d'un sondage sur leur activité d'hiver préférée. Sers-toi du diagramme à bandes pour répondre aux questions.

ACTIVITÉ D'HIVER PRÉFÉRÉE

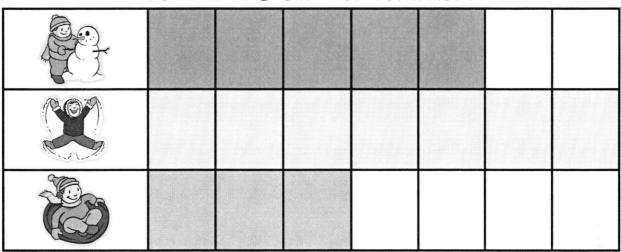

RÉFLÉCHIS BIEN : Réponds aux questions.

1. Combien de votes? _____   _____ _____

2. Encercle l'activité la <u>plus</u> populaire.

3. Encercle l'activité la <u>moins</u> populaire.

RÉFLÉCHIS BIEN : Compte les traits.

Combien y en a-t-il?

 _____  _____

INTERPRÈTE UN DIAGRAMME À BANDES

Les élèves de Mme Chantale ont fait un diagramme à bandes pour montrer les résultats d'un sondage sur les instruments dont les élèves aimeraient apprendre à jouer.

INSTRUMENTS DONT LES ÉLÈVES AIMERAIENT APPRENDRE À JOUER

batterie									
guitare									
harmonica									

RÉFLÉCHIS BIEN : Réponds aux questions.

1. Combien de votes? _____

2.	De quel instrument le plus grand nombre d'élèves veulent-ils apprendre à jouer?	**3.**	De quel instrument le moins grand nombre d'élèves veulent-ils apprendre à jouer?
4.	Combien d'élèves en tout veulent apprendre à jouer de la batterie ou de la guitare?	**5.**	Combien d'élèves de moins veulent apprendre à jouer de la guitare plutôt que de l'harmonica?

INTERPRÈTE UN DIAGRAMME À BANDES

Mme Solange a mené un sondage pour trouver les endroits où les élèves aiment le plus se rendre.

ENDROITS PRÉFÉRÉS

Endroits	Nombre de votes
Bibliothèque	
Magasin	
Cirque	
Parc	
Zoo	

Nombre de votes

RÉFLÉCHIS BIEN : Réponds aux questions.

1. Dresse la liste des endroits préférés où se rendre, du moins populaire au plus populaire.

a. _____   b. _____

e. _____

c. _____   d. _____

2.	Combien d'élèves de moins ont voté pour le magasin plutôt que pour le zoo?	**3.**	Combien de votes le zoo a-t-il obtenus?
4.	Quel est l'endroit le moins populaire?	**5.**	Quel est l'endroit le plus populaire?

33

Ce diagramme à bandes montre les mets que les élèves de M. Marc aiment manger au dîner.

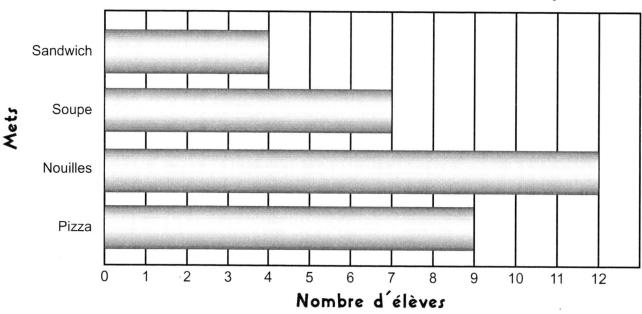

QUEL EST TON DÎNER PRÉFÉRÉ?

RÉFLÉCHIS BIEN : Réponds aux questions.

1.	Quel mets est le moins populaire au dîner?	**2.**	Quel mets est le plus populaire au dîner?
3.	Combien d'élèves ont choisi la pizza?	**4.**	Combien d'élèves de plus ont choisi les nouilles plutôt que le sandwich?
5.	Combien d'élèves de moins ont choisi la pizza plutôt que les nouilles?	**6.**	Quel mets a obtenu 7 votes?

INTERPRÈTE UN DIAGRAMME À BANDES

Ce diagramme à bandes montre les types de cadeaux que les élèves de Mme Rachel aiment le plus recevoir.

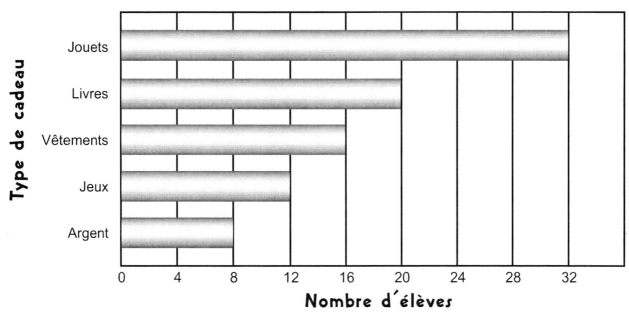

CADEAUX QUE LES ÉLÈVES AIMENT RECEVOIR

RÉFLÉCHIS BIEN : Réponds aux questions.

1.	Quel type de cadeau est le moins populaire?	**2.**	Quel type de cadeau est le plus populaire?
3.	Combien d'élèves ont choisi les jeux?	**4.**	Combien d'élèves de plus ont choisi les livres plutôt que l'argent?
5.	Combien d'élèves de moins ont choisi les jeux plutôt que les vêtements?	**6.**	Quel type de cadeau a obtenu 16 votes?

ARGENT DÉPENSÉ POUR DES VÊTEMENTS

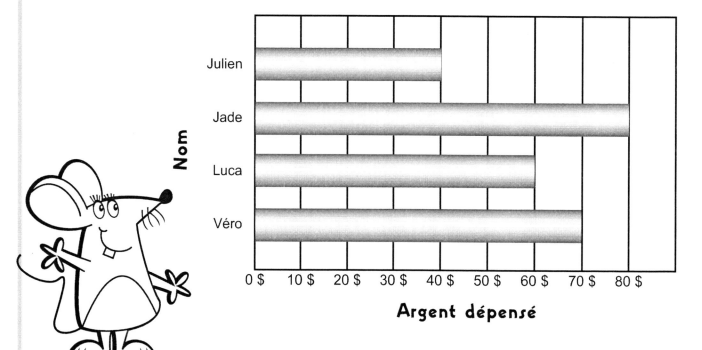

RÉFLÉCHIS BIEN : Réponds aux questions.

1.	Qui a dépensé le plus d'argent?	**2.**	Combien d'argent Jade a-t-elle dépensé de plus que Julien?
3.	Qui a dépensé 70 $?	**4.**	Quelle est la différence entre l'argent dépensé par Luca et celui dépensé par Véro?
5.	Combien d'argent Véro et Jade ont-elles dépensé en tout?	**6.**	Qui a dépensé 60 $?

INTERPRÈTE UN DIAGRAMME À BANDES

Ce diagramme à bandes montre combien de chaque arbre fruitier il y a dans le verger de la famille Pilon.

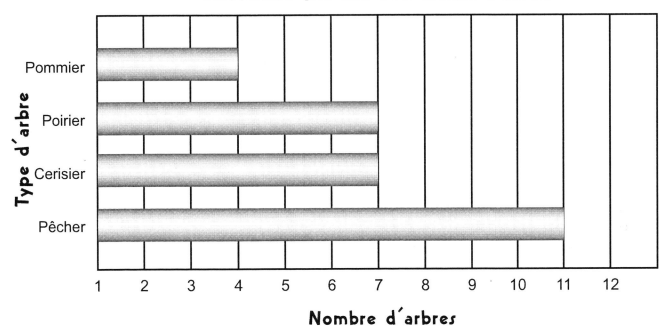

VERGER DE LA FAMILLE PILON

Type d'arbre : Pommier, Poirier, Cerisier, Pêcher

Nombre d'arbres

RÉFLÉCHIS BIEN : Réponds aux questions.

1.	Quel type d'arbre est en plus grand nombre dans le verger?	**2.**	Quel type d'arbre est en moins grand nombre?
3.	Il y a le même nombre de deux types d'arbres. Lesquels?	**4.**	Combien y a-t-il de pommiers de moins que de cerisiers?
5.	Combien y a-t-il de poiriers dans le verger?	**6.**	Combien y a-t-il d'arbres en tout dans le verger?

INTERPRÈTE UN DIAGRAMME À BANDES

Voici les résultats d'un sondage sur les fruits préférés.

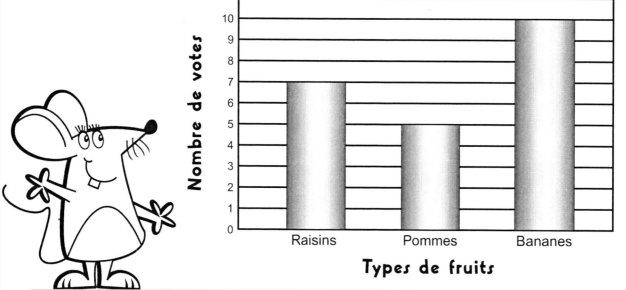

DIAGRAMME DES FRUITS PRÉFÉRÉS

RÉFLÉCHIS BIEN : Réponds aux questions.

1. Dresse la liste des fruits, du plus populaire au moins populaire.

   a. _____ .   b. _____

   c. _____

2.	Combien de votes les raisins ont-ils obtenus de plus que les pommes?	3.	Combien de votes les bananes ont-elles obtenus?
4.	Quel est le fruit le moins populaire?	5.	Combien de personnes ont participé au sondage?

INTERPRÈTE UN DIAGRAMME À BANDES

Voici un diagramme à bandes qui montre les collections des élèves.

COLLECTIONS DES ÉLÈVES

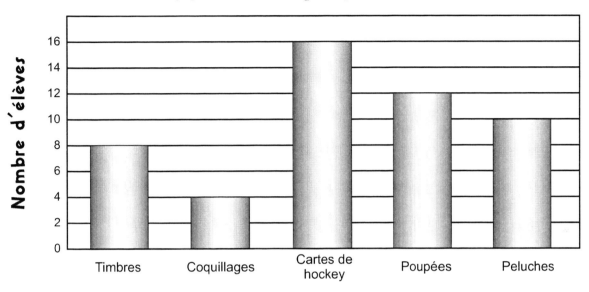

Collection

RÉFLÉCHIS BIEN : Réponds aux questions.

1. Dresse la liste des collections, de la plus populaire à la moins populaire.

a. _____   b. _____

e. _____

c. _____   d. _____

2.	Quel type de collection le plus grand nombre d'élèves ont-ils?	3.	Quel type de collection le moins grand nombre d'élèves ont-ils?
4.	Combien d'élèves en tout ont une collection de coquillages ou une collections de poupées?	5.	Combien d'élèves ont une collection de peluches?

INTERPRÈTE UN DIAGRAMME À BANDES

Ce diagramme à bandes montre le nombre de verres de limonade que Sophie a vendus à son kiosque de limonade.

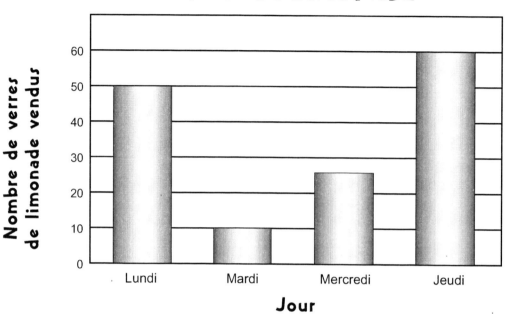

RÉFLÉCHIS BIEN : Réponds aux questions.

1.	Quel jour Sophie a-t-elle vendu le plus de limonade?	**2.**	Combien de verres de limonade Sophie a-t-elle vendus en tout mardi et mercredi?	
3.	Quel jour Sophie a-t-elle vendu 25 verres de limonade?	**4.**	Quel jour Sophie a-t-elle vendu le moins de limonade?	
5.	Combien de verres de limonade Sophie a-t-elle vendus de moins lundi que jeudi?	**6.**	Quel jour Sophie a-t-elle vendu 50 verres de limonade?	

La famille Doyon est allée cueillir des pommes. Ce diagramme à bandes montre combien de pommes chaque membre de la famille a cueillies.

NOMBRE DE POMMES CUEILLIES

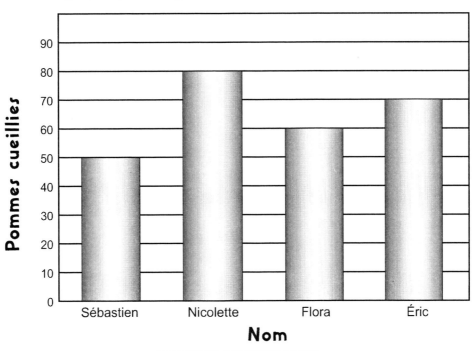

1.	Qui a cueilli le plus grand nombre de pommes?	2.	Qui a cueilli le moins grand nombre de pommes?
3.	Combien de pommes Nicolette a-t-elle cueillies de plus que Sébastien?	4.	Combien de pommes Flora et Éric ont-ils cueillies en tout?
5.	Combien de pommes Flora a-t-elle cueillies de moins qu'Éric?	6.	Combien de pommes la famille a-t-elle cueillies en tout?

RÉFLÉCHIS BIEN : Réponds aux questions.

Catou et Alex ont un jardin. Ce diagramme à bandes montre le nombre de chacune des fleurs qui ont été plantées.

FLEURS DANS LE JARDIN

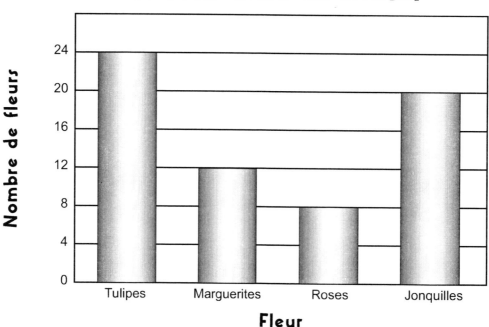

RÉFLÉCHIS BIEN : Réponds aux questions.

1.	Quel type de fleurs Catou et Alex ont-ils en plus grand nombre?	2.	Quel type de fleurs ont-ils en moins grand nombre?
3.	Combien y a-t-il de marguerites de plus que de roses?	4.	Combien y a-t-il de jonquilles de moins que de tulipes?
5.	Combien de roses ont été plantées?	6.	Combien de fleurs y a-t-il en tout dans le jardin?

INTERPRÈTE UN DIAGRAMME À BANDES

David a mené un sondage pour savoir combien de personnes il y a dans les familles de ses amis. Ce diagramme à bandes montre les résultats.

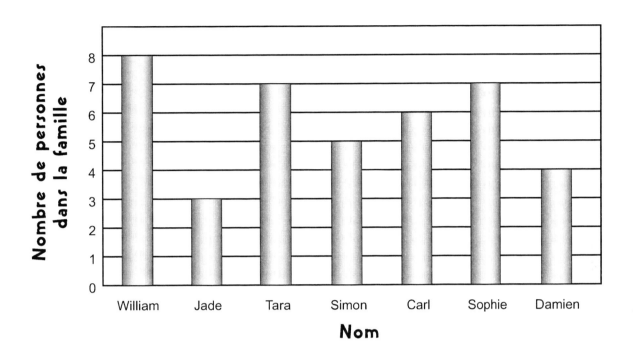

RÉFLÉCHIS BIEN : Réponds aux questions.

1.	Trouve un bon titre pour ce diagramme.	2.	Deux enfants ont une famille qui a le même nombre de personnes. Lesquels?
3.	Combien de personnes la famille de Jade compte-t-elle de moins que la famille de Simon?	4.	Combien de personnes la famille de Sophie compte-t-elle de plus que la famille de Damien?
5.	Combien d'enfants ont participé au sondage?	6.	Qui a une famille qui compte 5 personnes?

EXPLORE LES DIAGRAMMES

Sers-toi des données du diagramme à pictogrammes pour remplir le diagramme à bandes.

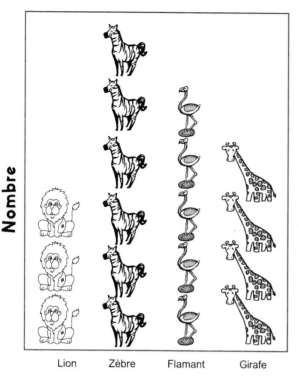

ANIMAL DE ZOO

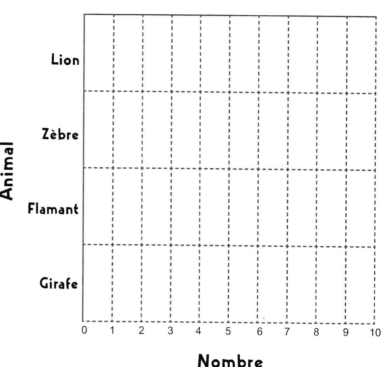

RÉFLÉCHIS BIEN : Réponds aux questions.

1. Combien de personnes ont participé au sondage? _____

2. Quel est l'animal de zoo le plus populaire? _____

3. Quel est l'animal de zoo le moins populaire? _____

4. Dresse la liste des animaux de zoo, de celui qui a obtenu le plus de votes à celui qui en a obtenu le moins.

   a. _____   b. _____

   c. _____   d. _____

44

EXPLORE LES DIAGRAMMES

Sers-toi des données du diagramme à pictogrammes pour remplir le diagramme à bandes.

COLLATION PRÉFÉRÉE

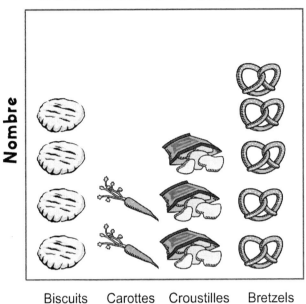

COLLATION PRÉFÉRÉE

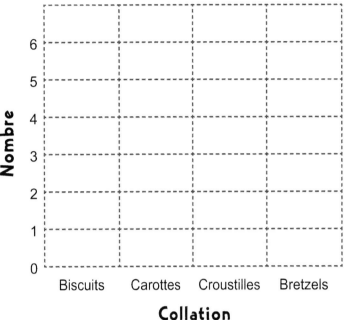

RÉFLÉCHIS BIEN : Réponds aux questions.

1.	Est-ce qu'un plus grand nombre d'enfants a choisi les croustilles plutôt que les carottes?	2.	Si 2 enfants de plus avaient choisi les biscuits, combien d'enfants en tout auraient choisi les biscuits?
3.	Combien d'enfants ont participé au sondage?	4.	Quelle collation a obtenu 3 votes?
5.	Quelle est la collation la plus populaire?	6.	Dresse la liste des collations, de la moins populaire à la plus populaire.

CRÉE UN DIAGRAMME À BANDES

Sers-toi des données du tableau pour créer un diagramme à bandes. N'oublie pas le titre et les étiquettes!

Légume	Nombre de votes
Carotte	6
Brocoli	4
Pois	8
Pomme de terre	3

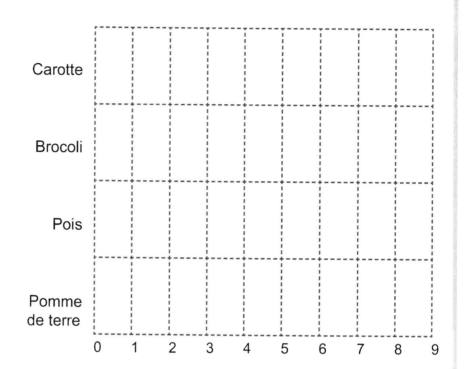

RÉFLÉCHIS BIEN : Réponds aux questions.

1. Dresse la liste des légumes, du moins populaire au plus populaire.

a. _____   b. _____

c. _____   d. _____

2.	Combien de personnes de plus ont voté pour les pois plutôt que pour la carotte?	3.	Combien de votes le brocoli a-t-il obtenus?
4.	Quel légume a obtenu le moins de votes?	5.	Quel est le légume le plus populaire?

EXPLORE UN DIAGRAMME À BANDES

Nathan a mené un sondage sur les couleurs des autos dans un stationnement. Remplis le diagramme à bandes avec les données qu'il a recueillies.

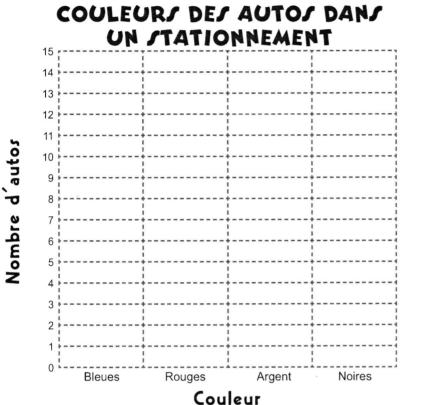

COULEURS DES AUTOS DANS UN STATIONNEMENT

Couleur d'auto	Nombre
Bleues	12
Argent	5
Rouges	8
Noires	14

RÉFLÉCHIS BIEN : Réponds aux questions.

1.	Combien y a-t-il d'autos argent de moins que d'autos noires?	**2.**	Quelle couleur Nathan a-t-il vue le moins?
3.	Combien y a-t-il d'autos rouges de moins que d'autos bleues?	**4.**	Combien y a-t-il d'autos en tout qui sont rouges ou bleues?
5.	Combien d'autos argent y a-t-il?	**6.**	Combien d'autos rouges de plus faudrait-il pour qu'il y ait 12 autos rouges?

EXPLORE UN DIAGRAMME À BANDES

Sers-toi des données du tableau pour remplir le diagramme à bandes.
N'oublie pas le titre et les étiquettes!

Saison	Nombre de votes
Printemps	13
Été	15
Automne	10
Hiver	14

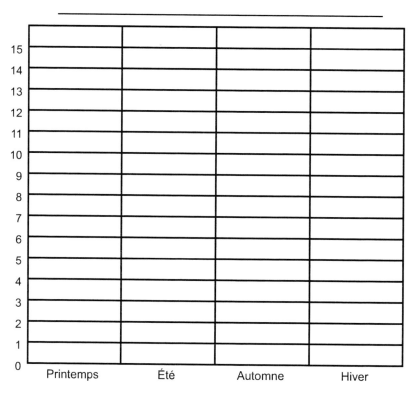

RÉFLÉCHIS BIEN : Réponds aux questions.

1. Dresse la liste des saisons, de celle qui a obtenu le plus de votes à celle qui en a obtenu le moins.

   a. _____

   b. _____

   c. _____

   d. _____

2.	Combien de personnes de plus ont voté pour l'hiver plutôt que pour le printemps?	3.	Quelle saison a obtenu 13 votes?
4.	Combien de personnes en tout ont voté pour l'été ou l'automne?	5.	Quelle est la saison la plus populaire?

EXPLORE UN DIAGRAMME À BANDES

Le tableau des données, à droite, montre les résultats d'un sondage sur la couleur des cheveux des élèves de M. Thomas. Crée un diagramme pour montrer les résultats. N'oublie pas le titre et les étiquettes!

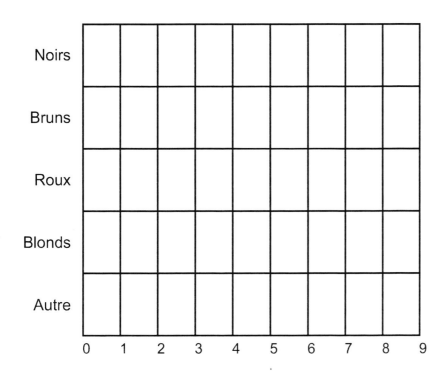

Couleur de cheveux	Nombre
Noirs	4
Bruns	6
Roux	9
Blonds	5
Autre	5

RÉFLÉCHIS BIEN : Écris ce que t'indique le diagramme.

_____

_____

_____

_____

_____

EXPLORE UN DIAGRAMME À BANDES

Sers-toi des données du tableau pour créer un diagramme à bandes.
N'oublie pas le titre et les étiquettes!

Saison	Nombre de votes
Printemps	6
Été	10
Automne	5
Hiver	15

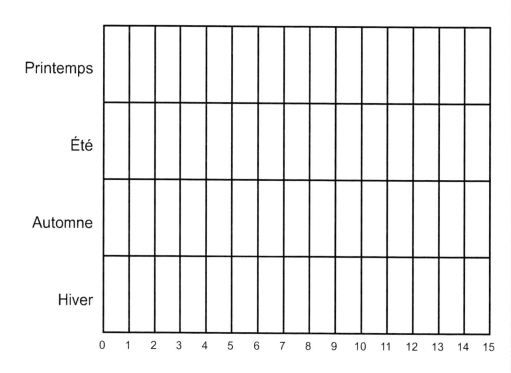

RÉFLÉCHIS BIEN : Réponds aux questions.

1. Dresse la liste des saisons, de la plus populaire à la moins populaire.

_____

2. Combien de personnes de plus ont choisi l'hiver plutôt que le printemps?_____

3. Combien de personnes en tout ont choisi l'été ou l'hiver? _____

4. Quelle est la saison la moins populaire? _____

5. Quelle est la saison la plus populaire? _____

6. Combien de personnes de moins ont choisi l'automne plutôt que l'été?_____

Les deux classes de 3ᵉ année ont fait un tableau pour y inscrire les données au sujet de leurs garnitures de pizza préférées.

Pepperoni	Fromage	Tomates	Anchois	Champignons
25	35	15	10	15

Crée un diagramme à bandes pour montrer l'information donnée dans le tableau. N'oublie pas le titre et les étiquettes!

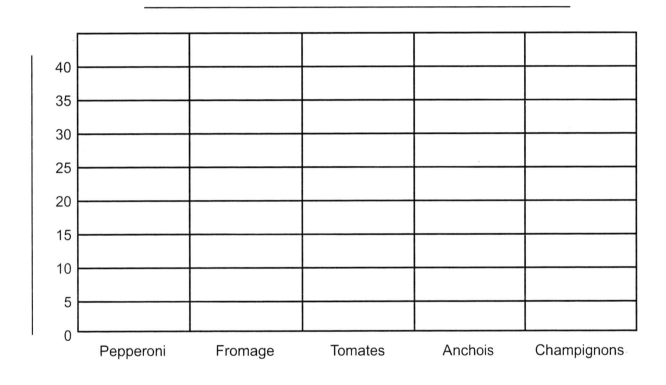

RÉFLÉCHIS BIEN : Qu'est-ce que le diagramme t'indique?

_____

_____

_____

EXPLORE UN DIAGRAMME À BANDES

Les deux classes de 3ᵉ année ont mené un sondage sur les matières préférées des élèves. Voici les résultats. Crée un diagramme à bandes pour montrer l'information. N'oublie pas le titre et les étiquettes!

Lecture	Arts plastiques	Maths	Sciences	Musique
35	25	15	10	20

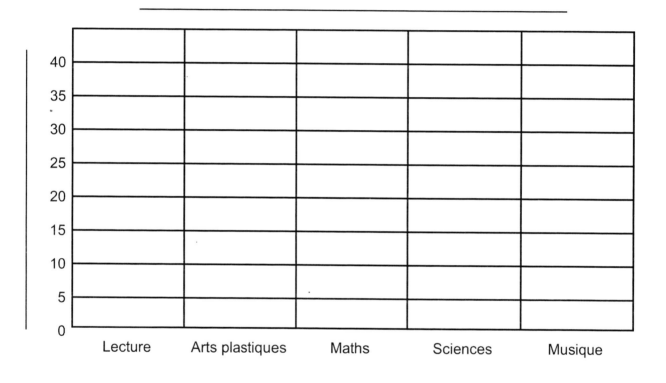

RÉFLÉCHIS BIEN : Écris ce que t'indique le diagramme.

INTERPRÈTE UN CALENDRIER

Février						
D	**L**	**M**	**M**	**J**	**V**	**S**
					1	2
3	4	5	6	7	8	9
10	11	12	13	14	15	16
17	18	19	20	21	22	23
24	25	26	27	28		

RÉFLÉCHIS BIEN : Sers-toi du calendrier pour répondre aux questions.

1. Le 18 février tombe quel jour de la semaine?

_____

2. Quelle est la date du premier mardi du mois?

_____

3. Combien de samedis y a-t-il dans ce mois?

_____

4. Quelle est la date du deuxième jeudi?

_____

5. Quel jour le mois suivant va-t-il commencer?

_____

6. Le 15 février tombe quel jour?

_____

7. Quelle est la date du premier vendredi?

_____

8. Combien de dimanches y a-t-il dans ce mois?

_____

9. Quelle est la date du troisième lundi?

_____

10. Quelle est la date du premier mercredi?

_____

INTERPRÈTE UN CALENDRIER

Mars						
D	**L**	**M**	**M**	**J**	**V**	**S**
						1
2	3	4	5	6	7	8
9	10	11	12	13	14	15
16	17	18	19	20	21	22
23	24	25	26	27	28	29
30	31					

RÉFLÉCHIS BIEN : Sers-toi du calendrier pour répondre aux questions.

1. Quel jour le mois suivant va-t-il commencer?

_____

2. Combien de samedis y a-t-il dans ce mois?

_____

3. Quelle est la date du deuxième mercredi?

_____

4. Quelle est la date du premier dimanche?

_____

5. Le 29 mars tombe quel jour?

_____

6. Quelle est la date du troisième lundi?

_____

7. Le 17 mars tombe quel jour?

_____

8. Combien de jeudis y a-t-il dans ce mois?

_____

9. Quelle est la date du premier mardi?

_____

10. Combien de vendredis y a-t-il dans ce mois?

_____

INTERPRÈTE UN CALENDRIER

Août						
D	**L**	**M**	**M**	**J**	**V**	**S**
					1	2
3	4	5	6	7	8	9
10	11	12	13	14	15	16
17	18	19	20	21	22	23
24	25	26	27	28	29	30
31						

RÉFLÉCHIS BIEN : Sers-toi du calendrier pour répondre aux questions.

1. Le 11 août tombe quel jour de la semaine?

_____

2. Quel jour le mois suivant va-t-il commencer?

_____

3. Quelle est la date du troisième mardi?

_____

4. Quelle est la date du premier lundi?

_____

5. Combien de dimanches y a-t-il dans ce mois?

_____

6. Le 30 août tombe quel jour de la semaine?

_____

7. Quelle est la date du premier jeudi?

_____

8. Quelle est la date du cinquième samedi?

_____

9. Combien de vendredis y a-t-il dans ce mois?

_____

10. Combien de mercredis y a-t-il dans ce mois?

_____

INTERPRÈTE UN CALENDRIER

Janvier						
D	**L**	**M**	**M**	**J**	**V**	**S**
		1	2	3	4	5
6	7	8	9	10	11	12
13	14	15	16	17	18	19
20	21	22	23	24	25	26
27	28	29	30	31		

RÉFLÉCHIS BIEN : Sers-toi du calendrier pour répondre aux questions.

1. Quelle est la date du premier samedi?

_____

2. Le 16 janvier tombe quel jour de la semaine?

_____

3. Combien de mercredis y a-t-il dans ce mois?

_____

4. Quelle est la date du troisième vendredi?

_____

5. Quel jour le mois suivant va-t-il commencer?

_____

6. Combien de mardis y a-t-il dans ce mois?

_____

7. Quelle est la date du premier lundi?

_____

8. Le 3 janvier tombe quel jour de la semaine?

_____

9. Quelle est la date du quatrième jeudi?

_____

10. Le 21 janvier tombe quel jour de la semaine?

_____

INTERPRÈTE UN DIAGRAMME DE VENN

Sers-toi du diagramme de Venn pour répondre aux questions au sujet des clubs desquels Lisa et Antoine font partie.

DE QUELS CLUBS FAIS-TU PARTIE?

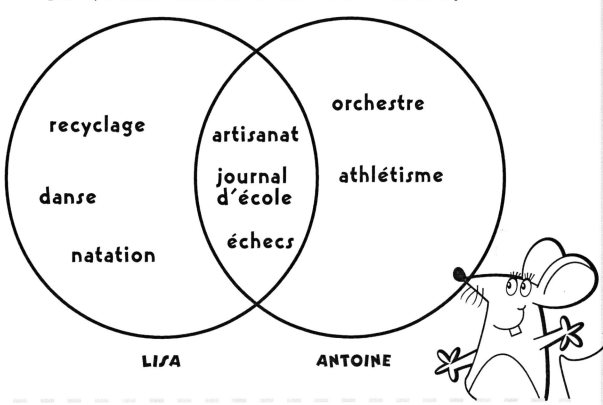

1. De quels clubs Lisa fait-elle partie? _____

_____

2. De quels clubs Antoine fait-il partie? _____

_____

3. De quels clubs les deux font-ils partie? _____

_____

RÉFLÉCHIS BIEN :

Si ☀ = 10, quelle est la valeur de ☀ ☀ ☀ ? _____

57

Sers-toi du diagramme de Venn pour répondre aux questions au sujet du lait préféré des élèves.

LAIT PRÉFÉRÉ

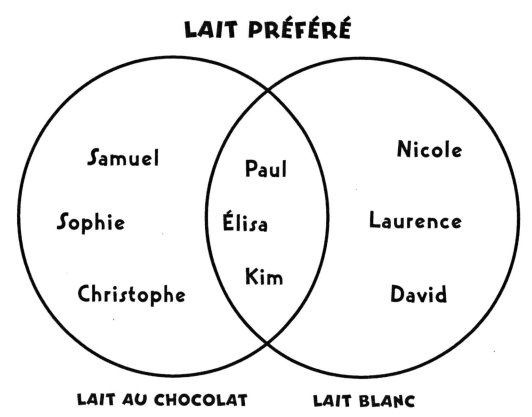

LAIT AU CHOCOLAT   LAIT BLANC

1. Quels élèves aiment le lait blanc, mais pas le lait au chocolat? _____

_____

2. Quels élèves aiment le lait au chocolat, mais pas le lait blanc? _____

_____

3. Quels élèves aiment les deux types de lait? _____

_____

RÉFLÉCHIS BIEN :

Si 🍪 = 2, quelle est la valeur de 🍪 🍪 🍪 🍪 🍪 ? _____

INTERPRÈTE UN DIAGRAMME DE VENN

Sers-toi du diagramme de Venn pour répondre aux questions au sujet des activités préférées des élèves à la récréation.

ACTIVITÉS PRÉFÉRÉES À LA RÉCRÉATION

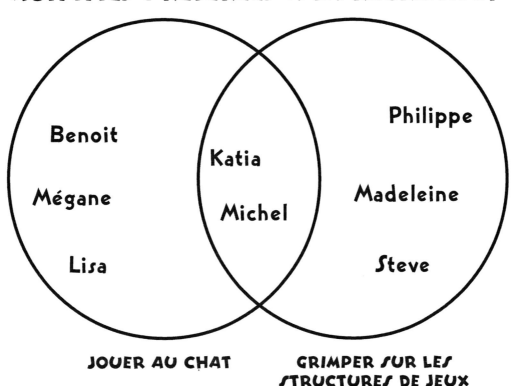

Benoit

Mégane

Lisa

Katia

Michel

Philippe

Madeleine

Steve

JOUER AU CHAT
GRIMPER SUR LES STRUCTURES DE JEUX

1. Quels élèves aiment jouer au chat, mais pas grimper sur les structures de jeux? _____

2. Quels élèves aiment grimper sur les structures de jeux, mais pas jouer au chat? _____

3. Quels élèves aiment faire les deux activités? _____

RÉFLÉCHIS BIEN :

Si = 4, quelle est la valeur de   ? _____

Chalkboard Publishing © 2008

RÉDIGER DES QUESTIONS DE SONDAGES

Rédige une question que tu pourrais poser dans un sondage à chacun des groupes ci-dessous. Chaque question devrait avoir au moins deux choix de réponses.

I. DES ÉLÈVES DE TON ANNÉE D'ÉTUDES

_____

_____

_____

2. DES GRANDES PERSONNES

_____

_____

_____

3. DES PERSONNES QUI AIMENT LA MUSIQUE

_____

_____

_____

4. DES PERSONNES DE TA VILLE

_____

_____

_____

RÉDIGER DES QUESTIONS DE SONDAGES

Rédige une question que tu pourrais poser dans un sondage à chacun des groupes ci-dessous. Chaque question devrait avoir au moins deux choix de réponses.

1. DES JEUNES ENFANTS

_____

_____

_____

2. DES ADOLESCENTS

_____

_____

_____

3. TOUS LES ÉLÈVES DE TON ÉCOLE

_____

_____

_____

4. DES ÉLÈVES QUI ONT DES ANIMAUX FAMILIERS

_____

_____

_____

PEUX-TU LES CLASSER?

Découpe les images, puis classe-les dans la bonne case.

CRÉE UN TABLEAU DES EFFECTIFS

Sers-toi du sondage sur _____ pour remplir le tableau des effectifs.

SONDAGE SUR _____

TABLEAU DES EFFECTIFS

	Nombre de votes

RÉFLÉCHIS BIEN :

1.		2.	

Question du sondage _____

TABLEAU DES EFFECTIFS

	Nombre de votes

_____

personnes ont participé à mon sondage.

DIAGRAMME À BANDES _____

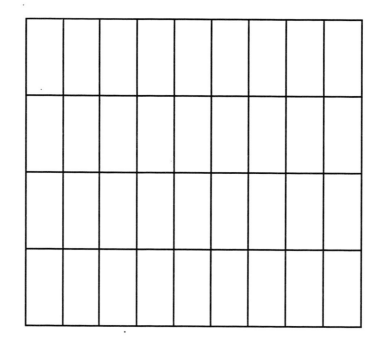

RÉFLÉCHIS BIEN :

Sur une autre feuille, écris les renseignements que tu as appris de ton diagramme à bandes.

EXPLORE UN DIAGRAMME À BANDES

Ce tableau des effectifs montre _____
Complète le tableau et le diagramme à bandes pour montrer les résultats. N'oublie pas le titre et les étiquettes pour le diagramme!

	Nombre de votes	Nombre

_____

15				
14				
13				
12				
11				
10				
9				
8				
7				
6				
5				
4				
3				
2				
1				
0				

____ ____ ____ ____ ____

_____

Sers-toi du diagramme de Venn pour répondre aux questions au sujet _____

_____

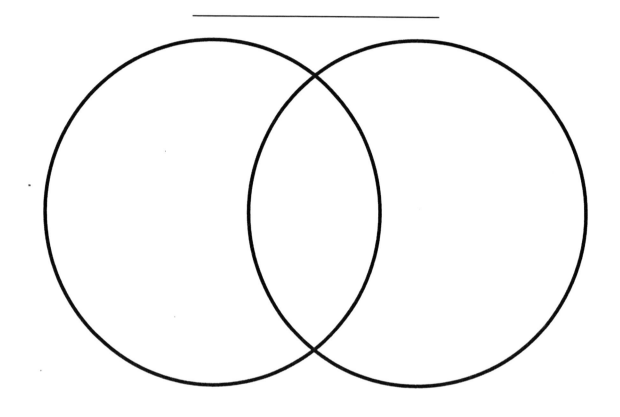

Écris ce que te dit le diagramme de Venn.

_____

_____

_____

_____

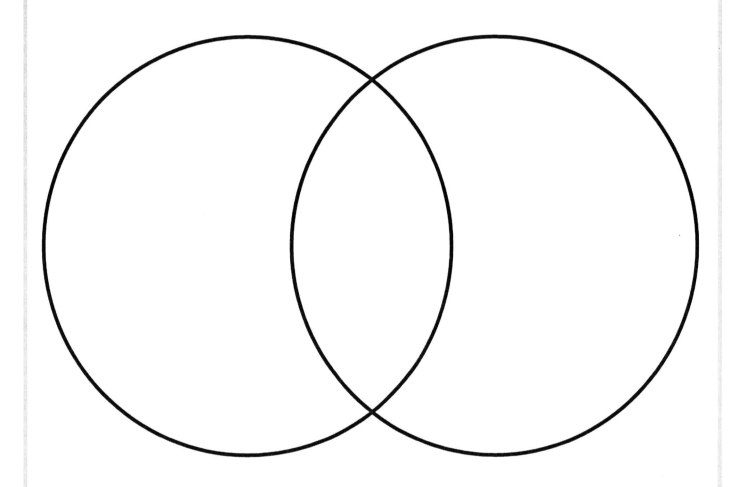

REPRÉSENTER LES DONNÉES

Une donnée est une information qu'on obtient en observant, en questionnant ou en mesurant.

TABLEAU DES EFFECTIFS

Un tableau des effectifs présente les données par groupes de cinq. Chaque trait ou marque représente 1. Quand tu as un groupe de 5 traits, tu commences un nouveau groupe.

||||| = 5

Couleur	Résultats	Nombre
rouge	||||| ||	
bleu	||||| ||||| |||	
vert	||||	
mauve	||||| |||	

DIAGRAMME À BANDES

Dans ce diagramme, les données sont représentées par des bandes horizontales ou verticales.

- Le diagramme à bandes est un bon choix pour représenter des données que tu veux comparer.

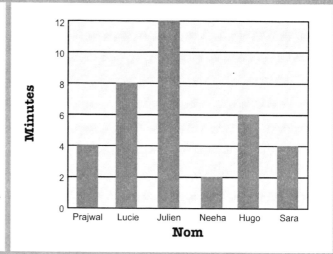

DIAGRAMME À PICTOGRAMMES

Dans ce diagramme, tu montres et compares des données au moyen de dessins ou d'images. Chaque dessin ou image peut représenter plus d'un objet. La légende explique ce que chacun représente.

- Le diagramme à pictogrammes est un bon choix pour représenter des données que tu veux comparer.

Parfums de crème glacée préférés

Fraises	🍦🍦🍦🍦🍦
Brisures de chocolat	🍦🍦🍦
Vanille	🍦🍦🍦🍦🍦🍦
Chocolat	🍦🍦

 = 2 personnes

QUESTIONS DE SONDAGES POUR UN GROUPE

QUEL(LE) EST TON(TA) _____ PRÉFÉRÉ(E)?

- animal familier
- couleur
- fruit
- activité à la maison
- collation
- saison
- activité hivernale
- activité estivale
- sport
- activité à la récré
- garniture de pizza

- crème glacée
- dessert
- restaurant
- repas
- jour
- superhéros
- auteur(e)
- type de livre
- musique
- matière scolaire
- type de vacances

- céréales
- déjeuner
- jeu
- pièce de monnaie
- dessin animé
- dîner
- légume
- période de la journée
- animal de ferme
- souper

- repas rapide
- type de film
- friandise
- mois
- temps (météo)
- pays
- animal de zoo
- mode de transport

CRÉE TES PROPRES QUESTIONS RELIÉES À CE QUE TU APPRENDS À L'ÉCOLE :

- Que préfères-tu?
- Qu'est-ce que tu aimes le plus?
- Combien y en a-t-il?
- Quelles sont tes prédictions?

D'AUTRES IDÉES :

- Combien y a-t-il de personnes dans ta famille?
- Quelle est la couleur de tes cheveux?
- Combien de dents as-tu perdues?
- Ton animal familier est-il un mammifère, un reptile, un oiseau ou un poisson?
- Où préfères-tu aller pour tes vacances?
- Aimerais-tu mieux vivre à la campagne ou en ville?

- Quelle est la couleur de tes yeux?
- Combien d'animaux familiers as-tu?
- Combien de lettres y a-t-il dans ton prénom?
- Pendant combien d'heures regardes-tu la télé chaque jour?
- Quel métier aimerais-tu exercer plus tard?
- Quel est le mois de ton anniversaire?

QUESTIONS À POSER AU SUJET D'UN DIAGRAMME :

- Quel est le(la) plus _____?
- Quel est le(la) moins _____?
- Combien de personnes de plus ont choisi _____ plutôt que _____?
- Combien de personnes de moins ont choisi _____ plutôt que _____?

- Combien y en a-t-il en tout dans deux catégories?
- Combien de personnes ont pris part au sondage?
- Combien de personnes ont choisi _____?

Comment utilisons-nous le traitement des données dans la vie de tous les jours?

Élève : _____

Attente	Niveau 1 Pas encore	Niveau 2 Fait des progrès	Niveau 3 Bonne connaissance	Niveau 4 Excellente connaissance
démontre sa capacité à organiser des objets dans des catégories en faisant le tri et en classant des objets au moyen d'une caractéristique (couleur, taille), et en décrivant des expériences personnelles de classification				
lit et interprète des données primaires présentées dans des tableaux et des diagrammes à pictogrammes				
collecte et organise des données primaires				
pose des questions et répond à des questions au sujet de données recueillies				
lit et interprète des données primaires présentées dans des tableaux et des diagrammes à pictogrammes, et décrit les données en se servant du langage des comparaisons				
décrit les possibilités que des événements quotidiens se produisent en se servant du langage des mathématiques				

Niveau 1 - L'élève utilise rarement les habiletés apprises et commet de nombreuses erreurs ou omissions.

Niveau 2 - L'élève utilise parfois les habiletés apprises et commet plusieurs erreurs ou omissions.

Niveau 3 - L'élève utilise habituellement les habiletés apprises et commet quelques erreurs ou omissions.

Niveau 4 - L'élève utilise toujours les habiletés apprises et ne commet presque pas d'erreurs ou d'omissions.

TRAITEMENT DES DONNÉES – 2ᴱ ANNÉE

Élève : _____

Attente	Niveau 1 Pas encore	Niveau 2 Fait des progrès	Niveau 3 Bonne connaissance	Niveau 4 Excellente connaissance
démontre sa capacité à organiser des objets dans des catégories en faisant le tri et en classant des objets au moyen de deux caractéristiques à la fois				
collecte des données pour répondre à une question, au moyen d'un sondage simple offrant un choix limité de réponses				
collecte et organise des données primaires (catégoriques ou discrètes), et représente les données au moyen d'une correspondance un pour un, dans des tableaux, des diagrammes à pictogrammes, de simples diagrammes à bandes et d'autres organisateurs graphiques (p. ex., des tableaux des effectifs) en utilisant les titres et les étiquettes appropriés, avec les étiquettes placées de manière appropriée le long d'axes horizontaux				
lit des données primaires présentées dans des tableaux, des diagrammes à pictogrammes, de simples diagrammes à bandes et d'autres organisateurs graphiques (p. ex., des tableaux des effectifs), et décrit les données en se servant du langage des mathématiques				
pose des questions et répond à des questions au sujet de données recueillies dans la classe dans des tableaux, des diagrammes à pictogrammes, de simples diagrammes à bandes et des tableaux des effectifs				
fait la distinction entre des nombres qui représentent des valeurs de données et des nombres qui représentent la fréquence d'un événement				
démontre sa compréhension des données présentées dans un diagramme en comparant les différentes parties des données et en formulant des énoncés à propos de l'ensemble des données				

Niveau 1 - L'élève utilise rarement les habiletés apprises et commet de nombreuses erreurs ou omissions.

Niveau 2 - L'élève utilise parfois les habiletés apprises et commet plusieurs erreurs ou omissions.

Niveau 3 - L'élève utilise habituellement les habiletés apprises et commet quelques erreurs ou omissions.

Niveau 4 - L'élève utilise toujours les habiletés apprises et ne commet presque pas d'erreurs ou d'omissions.

TRAITEMENT DES DONNÉES – 3ᴱ ANNÉE

Élève : _____

Attente	Niveau 1 Pas encore	Niveau 2 Fait des progrès	Niveau 3 Bonne connaissance	Niveau 4 Excellente connaissance
lit, décrit et interprète des données primaires présentées dans des tableaux et des diagrammes, y compris des diagrammes à bandes verticales et horizontales				
fait le tri d'objets et les classe au moyen d'au moins deux caractéristiques à la fois				
lit des données primaires présentées dans des tableaux et des diagrammes				
collecte des données en menant un sondage simple au sujet d'elle-même ou de lui-même, de son milieu, de sujets touchant son école ou sa collectivité, ou de tout autre sujet				
collecte et organise des données primaires (catégoriques ou discrètes), et les présente dans des tableaux ou des diagrammes				
interprète des données présentées dans des tableaux et des diagrammes, et en tire des conclusions				

Niveau 1 - L'élève utilise rarement les habiletés apprises et commet de nombreuses erreurs ou omissions.

Niveau 2 - L'élève utilise parfois les habiletés apprises et commet plusieurs erreurs ou omissions.

Niveau 3 - L'élève utilise habituellement les habiletés apprises et commet quelques erreurs ou omissions.

Niveau 4 - L'élève utilise toujours les habiletés apprises et ne commet presque pas d'erreurs ou d'omissions.

GRILLE D'ÉVALUATION POUR LES MATHÉMATIQUES

	Niveau 1	Niveau 2	Niveau 3	Niveau 4
Compréhension des concepts de maths	L'élève démontre, dans son travail, une compréhension limitée des concepts de maths.	L'élève démontre, dans son travail, une compréhension satisfaisante des concepts de maths.	L'élève démontre, dans son travail, une bonne compréhension des concepts de maths.	L'élève démontre, dans son travail, une compréhension approfondie des concepts de maths.
Utilisation des habiletés apprises	Dans son travail, l'élève utilise rarement, sans l'aide de l'enseignant(e), les habiletés apprises.	Dans son travail, l'élève utilise les habiletés apprises, avec plusieurs erreurs et omissions.	Dans son travail, l'élève utilise les habiletés apprises, avec quelques erreurs et omissions.	Dans son travail, l'élève utilise toujours les habiletés apprises, avec quelques erreurs et omissions seulement.
Terminologie des maths	L'élève utilise rarement la terminologie des maths au cours de discussions et d'activités ayant trait aux maths.	L'élève utilise parfois la terminologie des maths au cours de discussions et d'activités ayant trait aux maths.	L'élève utilise habituellement la terminologie des maths au cours de discussions et d'activités ayant trait aux maths.	L'élève utilise toujours la terminologie des maths au cours de discussions et d'activités ayant trait aux maths.
Préparation pour la classe	L'élève se prépare rarement pour la classe de maths, en ce qui concerne le matériel et les devoirs.	L'élève se prépare parfois pour la classe de maths, en ce qui concerne le matériel et les devoirs.	L'élève se prépare habituellement pour la classe de maths, en ce qui concerne le matériel et les devoirs.	L'élève se prépare toujours pour la classe de maths, en ce qui concerne le matériel et les devoirs.
Utilisation du temps en classe	L'élève doit souvent se faire rappeler d'utiliser son temps utilement.	L'élève doit parfois se faire rappeler d'utiliser son temps utilement.	L'élève doit se faire rappeler très peu d'utiliser son temps utilement.	L'élève doit rarement se faire rappeler d'utiliser son temps utilement.

Autres observations : _____

_____

_____

LISTE DES ÉLÈVES : LES MATHÉMATIQUES CHAQUE JOUR

Objectif : _____

Nom de l'élève	Compréhension des concepts	Utilisation des habiletés apprises	Terminologie des maths	Utilisation du temps en classe

BRAVO POUR TON EXCELLENT TRAVAIL!

ÉLÈVE : _____

SPÉCIALISTE EN TRAITEMENT DES DONNÉES

ÉLÈVE : _____

CORRIGÉ

PAGE	RÉPONSES
5	(poisson) - 6 (poisson) - 10 (poisson) - 4 1. (poisson) 2. (poisson) Réfléchis bien : A
6	(cerceau) - 11 (planche) - 7 (balançoire) - 5 1. (cerceau) 2. (balançoire) Réfléchis bien : C
7	(carotte) - 6 (chou-fleur) - 2 (champignon) - 9 1. (champignon) 2. (chou-fleur) Réfléchis bien : B
8	rouge-7 bleu-13 vert-4 mauve-8 1. bleu 2. vert 3. mauve 4. 20 5. 32 personnes 6. bleu, mauve, rouge, vert
9	céréales - ||| oeufs - |||| |||| |||| crêpes - |||| |||| |||| |||| | sandwich grillé au fromage - |||| |||| |||| 1. crêpes 2. 24 personnes 3. œufs et sandwich grillé au fromage 4. 12 personnes 5.céréales 6. 18 personnes
10	natation-10 baseball-9 soccer-11 aller à la plage-7
11	1 ¢-15 5 ¢-9 10 ¢-16 25 ¢-6 1 $-5
12	poisson-3 oiseau-1 chat-2 chien-3 1. chien et poisson 2. oiseau
13	jus - 3 limonade - 2 soda - 1 lait - 4 Réfléchis bien : 1. jus 2. non
14	1. vendredi 2. 12 poissons 3. lundi 4. 15-3=12 5. 15 poissons 6. 18
15	1. M. Pierre 2. 22 3. Mme Annie, M. Patrice 4. Mme Aline 5. Mme Aline, Mme Annie 6. M. Pierre
16	1. (toupie) - 2 (boîte à surprise) - 4 (ourson) - 5 2. (ourson) 3. (toupie)
17	1. (sandale) - 4 (espadrille) - 6 (botte) - 3 2. (espadrille) 3. (botte) Réfléchis bien : 11, 8

CORRIGÉ

PAGE	RÉPONSES
18	1. - 6 - 2 - 5 2. 3. Réfléchis bien : 10, 4
19	1. - 4 - 3 - 6 2. 3. 4.13 personnes
20	1. - 3 - 4 - 2 2. 3. 4. 9 personnes
21	||| ||| |||| ||||	||| ||| ||| ||| 1. 2. 3. 8 personnes 4. 4 personnes
22	1. 8 2. 6 3. 16 4. 4 5. 8 6. 4
23	1. limonade 2. lait 3. 30 4. 50 5. 70 6.150 7. 40 8. 80
24	1. fraises 2. chocolat 3.40 4. 20 5. 84 6. 20 7.24 8. 20 9. 44 10. 128
25	1. 12 2. 6 3. 3 4. sucre 5. 3 6. sucre, brisures de chocolat, farine d'avoine, gingembre
26	1. Théo 2. 10 3. 40 4. 15 5. 25 6. 140
27	1. cercle 2. étoile Réfléchis bien : 12, 4
28	1. - 3 - 7 - 5 2. 3. 4.15
29	1. - 7 - 3 - 8 2. 3. 4.18

PAGE	RÉPONSES
30	1. - 2 - 4 - 3 2. 3. Réfléchis bien : 9, 7
31	1. - 5 - 7 - 3 2. 3. Réfléchis bien : 13, 3
32	1. batterie-7 guitare-4 harmonica-6 2. Batterie 3. guitare 4. 11 5.2
33	1. a. magasin b. parc c. cirque d. zoo e. bibliothèque 2. 6 3. 8 4. magasin 5. bibliothèque
34	1. sandwich 2. nouilles 3. 9 4. 8 5. 3 6. soupe
35	1. argent 2. jouets 3. 12 4. 12 5. 4 6. vêtements
36	1. Jade 2. 40 $ 3. Véro 4. 10 $ 5. 150 $ 6. Luca
37	1. pêcher 2. pommier 3. poirier, cerisier 4.3 5.7 6.29
38	1. a. bananes b. raisins c. pommes 2. 2 3.10 4. pommes 5.22
39	1. a. cartes de hockey b. poupées c. peluches d. timbres e. coquillages 2. cartes de hockey 3. coquillages 4.16 5.10
40	1. jeudi 2. 35 3. mercredi 4. mardi 5.10 6. lundi
41	1. Nicolette 2. Sébastien 3. 30 4. 130 pommes 5. 10 6. 260
42	1. tulipes 2. roses 3. 4 4. 4 5. 8 6. 64
43	1. Les réponses vont varier. 2. Tara, Sophie 3. 2 4. 3 5. 40 6. Simon
44	1. 18 2. zèbre 3. lion 4. zèbre, flamant, girafe, lion
45	1. oui 2.6 3. 14 enfants 4. croustilles 5. bretzels 6. carottes, croustilles, biscuits, bretzels

PAGE	RÉPONSES
46	1. pomme de terre, brocoli, carotte, pois 2. 2 3. 4 4. pomme de terre 5. pois
47	1. 9 2. argent 3. 4 4. 20 5. 5 6. 4
48	1. été, hiver, printemps, automne 2. 1 3. printemps 4. 25 5. été
49	Voir diagramme; Réfléchis bien : les réponses vont varier
50	1. hiver, été, printemps, automne 2. 9 3. 25 4. automne 5. hiver 6. 5
51	Les réponses vont varier.
52	Les réponses vont varier.
53	1. lundi 2. 5 février 3. 4 4. 14 février 5. vendredi 6. vendredi 7. 1er février 8. 4 9. 18 février 10. 6 février
54	1. mardi 2. 5 3. 12 mars 4. 2 mars 5. samedi 6. 17 mars 7. lundi 8. 4 9. 4 mars 10. 4
55	1. lundi 2. lundi 3. 19 août 4. 4 août 5. 5 6. samedi 7. 7 août 8. 30 août 9. 5 10. 4
56	1. 5 janvier 2. mercredi 3. 5 4. 18 janvier 5. vendredi 6. 5 7. 7 janvier 8. jeudi 9. 24 janvier 10. lundi
57	1. recyclage, danse, natation, artisanat, journal d'école, échecs 2. orchestre, athlétisme, artisanat, journal d'école, échecs 3. artisanat, journal d'école, échecs Réfléchis bien : 30
58	1. Nicole, Laurence, David 2. Samuel, Sophie, Christophe 3. Paul, Élisa, Kim Réfléchis bien : 12
59	1. Benoit, Mégane, Lisa 2. Philippe, Madeleine, Steve 3. Katia, Michel Réfléchis bien : 16
60	Les réponses vont varier.